Lernkrimi Niederländisch

Dodelijk blauw

Autor: Jacob Jansen

Illustratorin: Kaydee Artistry

Lernkrimi Comics erhältlich in folgenden weiteren Sprachen:

Baierbrunner Straße 27, 81379 München
Ausgabe 2019

Redaktion: Sigrid Schulz
Fachkorrektur: Natalie Verelst, Rheate Wormgoor
Produktion: Ute Hausleiter
Titelillustration: Kaydee Artistry
Lernkrimi-Logo: Carsten Abelbeck
Gestaltung: textum GmbH
Umschlaggestaltung: red.sign GbR, Stuttgart

ISBN 978-3-8174-2157-2
381742157/1

Besuchen Sie uns auf Instagram und Facebook: lernkrimi

www.circonverlag.de

Vorwort

Liebe Leserin, lieber Leser,

sicher zum Lernerfolg – mit Spaß und Spannung! Die Compact Lernkrimis mit ihrer Kombination aus fesselnder Lektüre und didaktischem Übungsanteil eignen sich hervorragend, um breite Sprachkompetenzen in der Fremdsprache zu erwerben. Der Lernende wird dabei durch die spannende Handlung, das angemessene Sprachniveau und den stetig ansteigenden Schwierigkeitsgrad der Übungen gefördert und motiviert. Entwickelt nach neuesten Erkenntnissen der Fremdsprachendidaktik sind Compact Lernkrimis das ideale Medium für einen Lernerfolg im Selbststudium. Durch die kleinen Texteinheiten und den hohen Übungsteil sind sie aber auch als Unterrichtslektüre bestens geeignet.

So lernen Sie mit Compact Lernkrimi-Comics:

- **Mit Begeisterung lernen:** Die packende Krimihandlung motiviert Sie beim Lesen des niederländischen Originaltextes.
- **Wissen intensivieren und erweitern:** Durch die Kombination aus didaktisch aufbereiteter Lektüre und textbezogenen Übungen testen und trainieren Sie Ihre Sprachkenntnisse effektiv. Vokabelangaben auf jeder Seite unterstützen Sie beim Lesen.
- **Systematisch lernen:** Knüpfen Sie an Ihr individuelles Sprachniveau an und setzen Sie eigene Lernziele.
- **Visuelles Lernen:** Inhalte einfacher verstehen durch anschauliche Illustrationen.
- **Unabhängig sein:** Lernen Sie individuell – wo und wann immer Sie wollen.

Viel Spaß beim **spannenden Erlernen der niederländischen Sprache**
wünscht Ihnen

Prof. Dr. Christiane Neveling
Didaktik der romanischen Sprachen, Universität Leipzig

Das Ermittlerteam

Bea und Marga Vroegindewei

Bei dem Zwillingsduo Marga und Bea Vroegindewei herrscht außerhalb der Bekämpfung von Verbrechen nicht immer Einigkeit. Zum einen ist Marga eine Viertelstunde älter als Bea, daher setzt sie natürlich auch gerne ihren Willen durch. Bea hingegen behält in allen Lagen einen kühlen Kopf, auch wenn ihre Schwester mal über die Stränge schlägt. Ihr Wissen über Kunst und Malerei hilft den beiden nicht selten bei der Aufklärung ihrer Fälle. Ihr Ruf als Ermittler eilt ihnen voraus, so sind sie nicht nur bei der Amsterdamer Mordkommission ein gefragtes Team.

J.J.

J.J., von seinen Tanten liebevoll „Bobbeltje" genannt, heißt eigentlich Jan Jesse. Er ist 15 Jahre alt und lebt, seitdem seine Eltern bei einem Autounfall ums Leben gekommen sind, bei seinen Tanten. Ab und zu darf er ihnen auch bei der Aufklärung von Verbrechen helfen. Wie auch bei Marga und Bea liegen seine Wurzeln in der ehemaligen niederländischen Kolonie Surinam. J.J.s ständiger Begleiter ist eine schwarz-weiße Ratte, die den Namen Pepeloentje trägt.

Inhalt

De dode engel

Pardon	Entschuldigung, tut mir leid

dode	Toter
Slaap lekker uit!	Schlaf schön aus!
vakantie	Ferien
ontbijt	Frühstück
tiener	Teenager, Teenie
opvoeden	erziehen, großziehen
helemaal niet	nicht im Geringsten, kein bisschen
op iem. lijken	jemandem ähnlich sein
slim	klug
eigenzinnigheid	Dickköpfigkeit, Sturheit

plaats delict	Tatort
achter	hinten
druk	belebt, viel los
bijna	beinahe, fast
oversteken	überqueren
omrijden	einen Umweg machen
haast hebben	es eilig haben

wijkagent	Streifenpolizist
slachtoffer	Opfer
toneelstuk	Theaterstück
noemen	nennen
schuur	Scheune
tuinman	Gärtner
doodsoorzaak	Todesursache
hoofd	Kopf
fietsverkeer	Fahrradverkehr
kruispunt	Kreuzung

Ik krijg hier een melding. Enkele uren voor zijn dood werd Lucifer nog in het park gezien.

Hmm, misschien **komen** we de **moordenaar** in het park **op het spoor**. Laten we toch teruggaan en de mensen **ondervragen** die daar elke dag zijn.

Die vrouw op de fiets reageerde heel **merkwaardig**.

Hoe **bedoel** je?

Toen ik tegen haar zei dat er een dode was.

Misschien is het beter als we dat niet tegen de mensen zeggen.

We zeggen dat we van de **hulpverlening** zijn.

En dat we Lucifer misschien moeten laten **opnemen**.

iem. op het spoor komen	jdm. auf die Spur kommen
moordenaar	Mörder
ondervragen	befragen
merkwaardig	merkwürdig
bedoelen	meinen
hulpverlening	Fürsorge, Sozialhilfe
iem. opnemen	jdn. einweisen

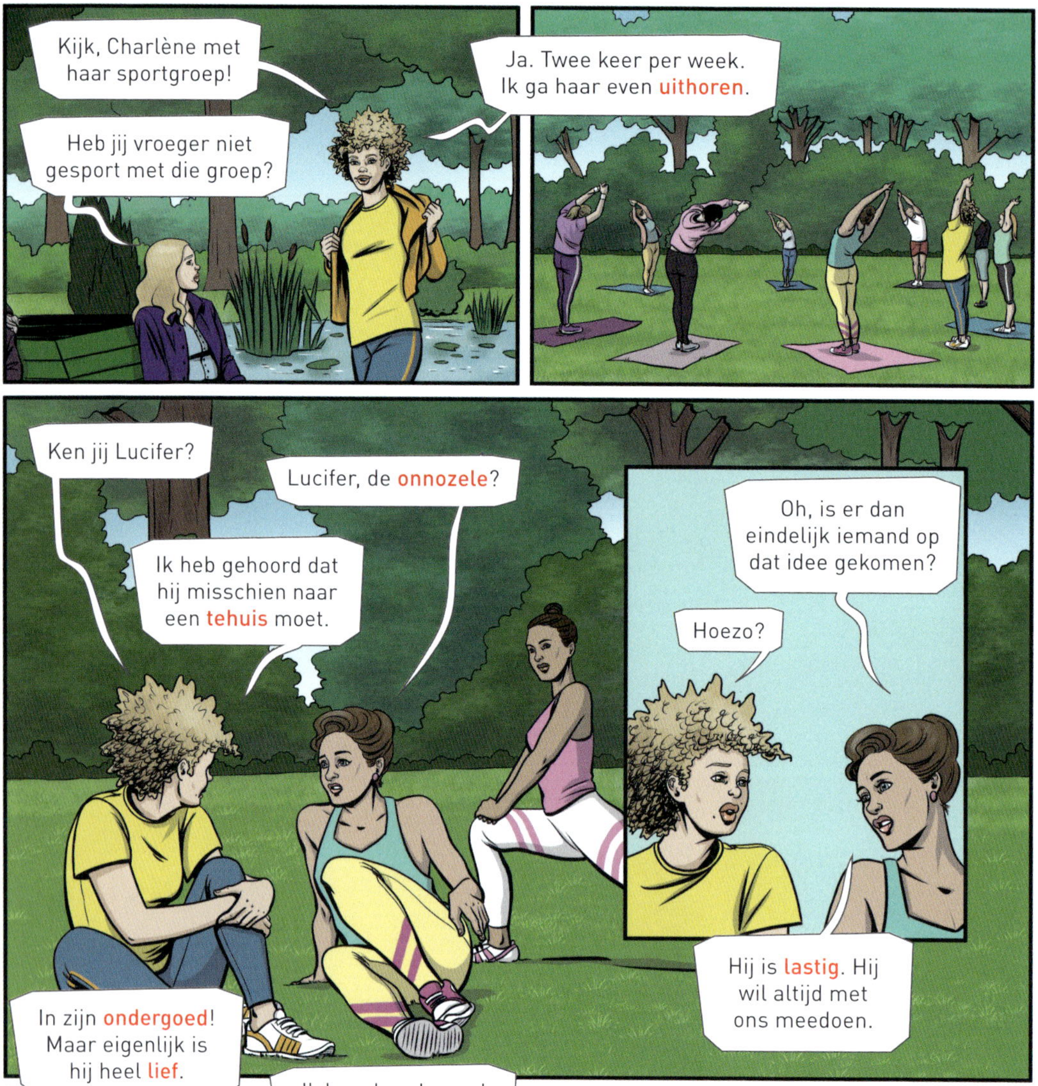

Ken jij Lucifer?

Lucifer, de **onnozele**?

Ik heb gehoord dat hij misschien naar een **tehuis** moet.

Hoezo?

Oh, is er dan eindelijk iemand op dat idee gekomen?

Hij is **lastig**. Hij wil altijd met ons meedoen.

uithoren	ausfragen, aushören
ϟ onnozele	Einfaltspinsel
tehuis	Heim
lastig	lästig, anstrengend
ondergoed	Unterwäsche
lief	lieb, freundlich
klant	Kunde/Kundin
kwijtraken	verlieren

nuttig	nützlich
oud	alt
bekende	Bekannte
mogen	dürfen

bosjes	Gebüsch
voedsel	Nahrung, Essen
afvalbak	Mülleimer
er is iets mis mee	etw. stimmt damit nicht
overgeven	sich übergeben
doodgaan	sterben
raar	komisch
kwijt willen	loswerden wollen
zich vervelen	sich langweilen
vanmiddag	heute Mittag

houden van	*hier:* mögen
patat	Pommes frites
voor de afwisseling	zur Abwechslung
opschieten	*hier:* weiterkommen
populair	beliebt

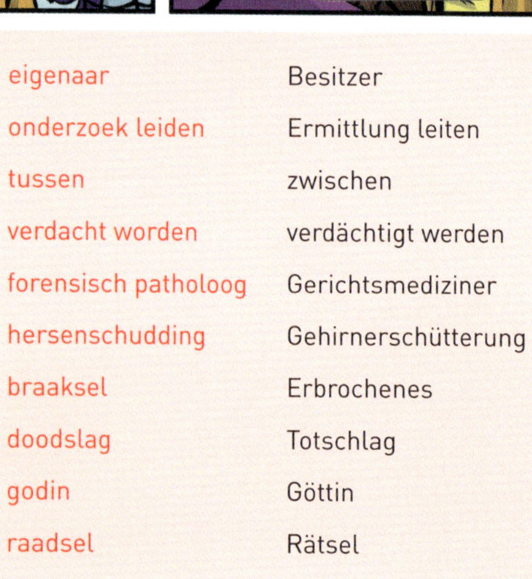

eigenaar	Besitzer
onderzoek leiden	Ermittlung leiten
tussen	zwischen
verdacht worden	verdächtigt werden
forensisch patholoog	Gerichtsmediziner
hersenschudding	Gehirnerschütterung
braaksel	Erbrochenes
doodslag	Totschlag
godin	Göttin
raadsel	Rätsel

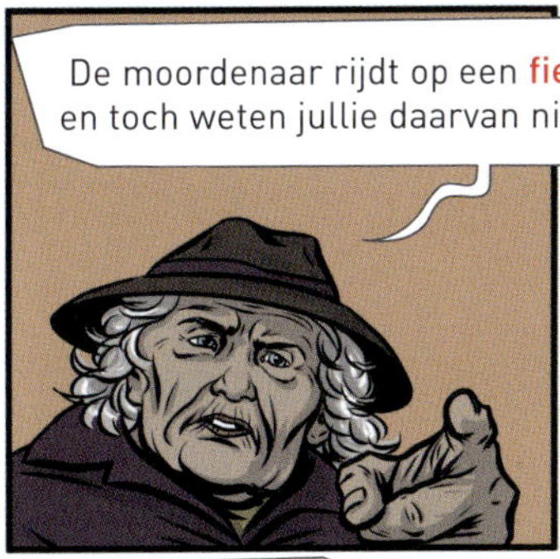

De moordenaar rijdt op een fiets, en toch weten jullie daarvan niets.

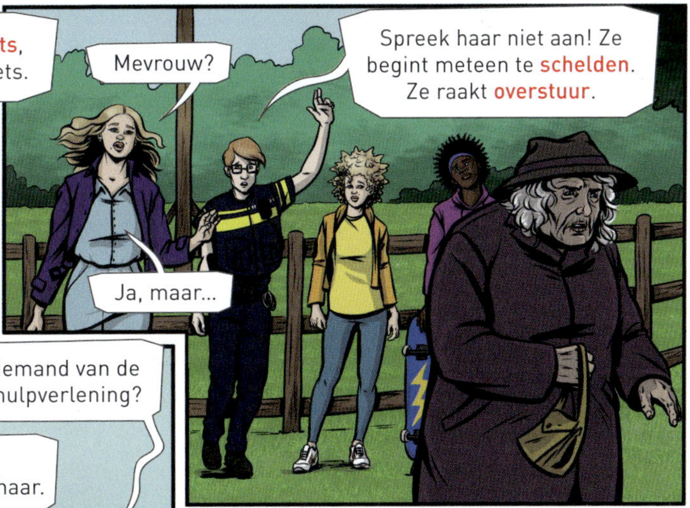

Mevrouw?

Spreek haar niet aan! Ze begint meteen te schelden. Ze raakt overstuur.

Ja, maar...

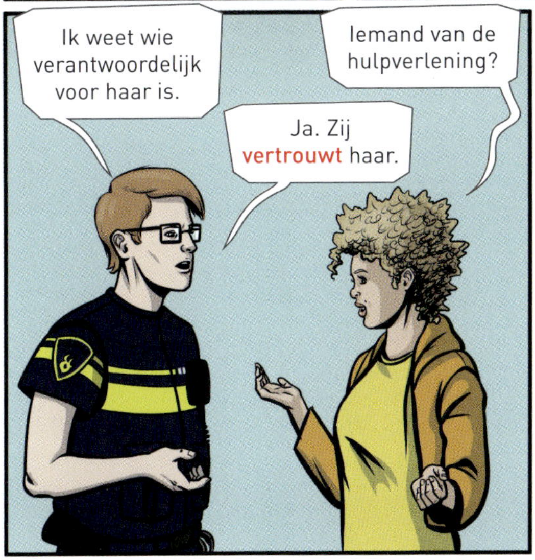

Ik weet wie verantwoordelijk voor haar is.

Iemand van de hulpverlening?

Ja. Zij vertrouwt haar.

dodelijk	tödlich
noodzakelijk	zwangsläufig, notwendigerweise, unbedingt
fiets	Fahrrad
schelden	(be)schimpfen
overstuur	verstört, aus der Fassung
vertrouwen	vertrauen

politiebureau	Polizeiwache
aardig	nett
homo-ontmoetings-plaats (HOP)	Treffpunkt für Homosexuelle
toezicht houden op iets	etw. beaufsichtigen
rechts-radicalen	Rechtsradikale
aanvallen	*hier:* angreifen

liefde	Liebe
plek	Platz
toeschouwer	Zuschauer
omhelsen	umarmen
vermoeiend	mühsam, anstrengend
Kop op!	Kopf hoch!
tweelingzus	Zwillingsschwester

ijsje	Eis
bol	Kugel
aardbei	Erdbeere
plegen	*hier:* begehen
belangrijk	wichtig
werk	Arbeit
spelbreker	Spielverderber, Spaßbremse

erg	schlimm
buurt	Nähe, Gegend
in orde	in Ordnung
wurgen	(er)würgen
sjaal	Schal
voormalig	ehemalig
dichtbij	in der Nähe

BOEM

Vooruit! Ik zie haar! Ik denk dat ze door de achteringang probeert te vluchten!

J.J.!!

AAAHHH

IEEKS

De Godin heeft het gezien! Maar… het was een ongeluk.

Wat was een ongeluk?

U komt eerst mee naar het politiebureau.

verdwijnen	verschwinden
Voor zover ik weet…	Soviel ich weiß …
Vooruit!	Los!
vluchten	fliehen
vermoedelijk	vermutlich
ongeluk	Unfall, Unglück

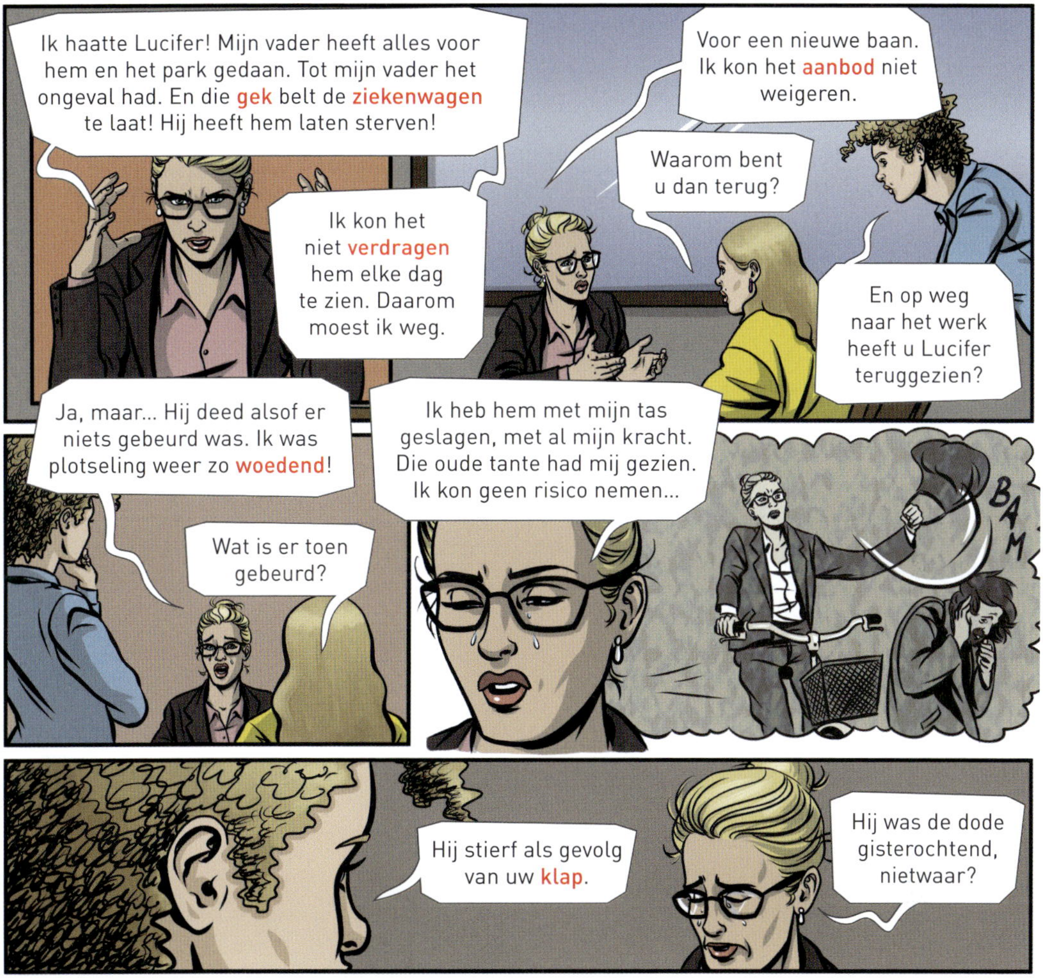

Ik haatte Lucifer! Mijn vader heeft alles voor hem en het park gedaan. Tot mijn vader het ongeval had. En die **gek** belt de **ziekenwagen** te laat! Hij heeft hem laten sterven!

Ik kon het niet **verdragen** hem elke dag te zien. Daarom moest ik weg.

Waarom bent u dan terug?

Voor een nieuwe baan. Ik kon het **aanbod** niet weigeren.

En op weg naar het werk heeft u Lucifer teruggezien?

Ja, maar... Hij deed alsof er niets gebeurd was. Ik was plotseling weer zo **woedend**!

Wat is er toen gebeurd?

Ik heb hem met mijn tas geslagen, met al mijn kracht. Die oude tante had mij gezien. Ik kon geen risico nemen...

BAM

↯ gek	Verrückter
ziekenwagen	Krankenwagen
verdragen	ertragen, aushalten
baan	Arbeit
aanbod	Angebot
woedend	wütend
klap	Schlag
het verleden laten rusten	die Vergangenheit ruhen lassen
toekomst	Zukunft

Oefeningen

In het park. In einem Park kann man viel unternehmen. Orden Sie die verschiedenen Aktivitäten den Bildern zu!

fietsen | wandelen | aan gymnastiek doen | skaten | koffie drinken

1. ______

2. ______

3. ______

4. ______

5. ______

Vragen. Beantworten Sie folgende Fragen zum Text!

1. Wie werd er vermoord in het Vondelpark?

______

2. Met welke dieren is de man met de bakfiets onderweg?

______

3. Wat is de relatie tussen J.J. en Bea en Marga?

______

4. Welke kleur heeft de sjaal van de moordenaar?

______

Goed of fout? Kreuzen Sie die richtige Aussage an und korrigieren Sie die falschen Aussagen!

1. Het Vondelpark ligt in Den Haag. ❐ ______________________
2. Het huisdier van J.J., Pepeloentje, is een kat. ❐ ______________________
3. Lucifer omarmt mensen. ❐ ______________________
4. De oude vrouw is makkelijk te begrijpen. ❐ ______________________
5. Het Vondelpark is altijd leeg. Vooral in de zomer. ❐ ______________________

Wie is wie? Setzen Sie den Figurennamen in den richtigen Satz ein!

Jean

de Godin

Meneer van der Meulen

Leerdam

de moordenaar

1. ______________________ is de dochter van Meneer van der Meulen.
2. ______________________ houdt toezicht bij de homo-ontmoetingsplaats.
3. ______________________ is de wijkagent, verantwoordelijk voor het Vondelpark.
4. ______________________ is een oude vrouw. Zij brengt de hele dag in het park door en gaat ook dood.
5. ______________________ was de eigenaar van Het Blauwe Teehuis.

5 **Welk woord past er niet bij?** Welches Wort passt nicht in die Reihe? Unterstreichen Sie das ‚schwarze Schaf'!

1. fiets helikopter skateboard rolschaatsen
2. aardbei peer appel patat
3. uitrusten lummelen haasten wandelen
4. boom struik wolkenkrabber rozenperk

INFO

Manche Niederländer besitzen humorvolle Nachnamen wie die beiden Ermittlerinnen, die **Vroegindewei** (= Früh auf der Weide) heißen. Ähnlich sprechende Nachnamen sind Naaktgeboren (= Nackt geboren) oder Scheefnek (= Schiefhals). Schuld daran ist Napoleon: Als er 1811 die Niederlande besetzte, wurde eine Volkszählung durchgeführt. Dabei wurde von den Einwohnern gefordert, einen Nachnamen anzunehmen, der bis dahin nicht üblich war. Die Niederländer waren überzeugt, es handele sich nur um eine vorübergehende Maßnahme und machten sich einen Spaß daraus. Sie ersannen die abwegigsten Nachnamen, ohne zu bedenken, dass sie damit nicht nur sich, sondern auch ihre Nachkommenschaft nachhaltig straften.

6 **Tegenstellingen.** Ordnen Sie die Gegensatzbegriffe einander zu!

1. ☐ populair
2. ☐ vakantie
3. ☐ slim
4. ☐ opschieten

a) dom
b) treuzelen
c) ongeliefd
d) school

7

Ontbrekende woorden. Setzen Sie fehlenden Begriffe ein und vervollständigen Sie das Gespräch zwischen J.J. und dem Eisverkäufer!

smakelijk | bol | alsjeblieft | helpen | aardbei

Dag jongen. Waarmee kan ik je **1.** ____________?

Ik wil graag een **2.** ____________ ijs, **3.** ____________!

Chocolade?

Nee, **4.** ____________ graag.

Zo, eet **5.** ____________!

8

Lettersalade. Entwirren Sie den Buchstabensalat und setzen Sie die korrekten umschriebenen Begriffe ein!

1. Een plaats waar een misdaad is begaan heet **tatallespicd** ____________________.
2. Iemand die door een misdaad dood of beroofd is, heet een **faschfroetl** ____________________.
3. Een politieagent die verantwoordelijk is voor een deel van een stad is de **jitnekwga** ____________________.
4. De arts die de doden onderzoekt, heet een **rsowettked** ____________________.

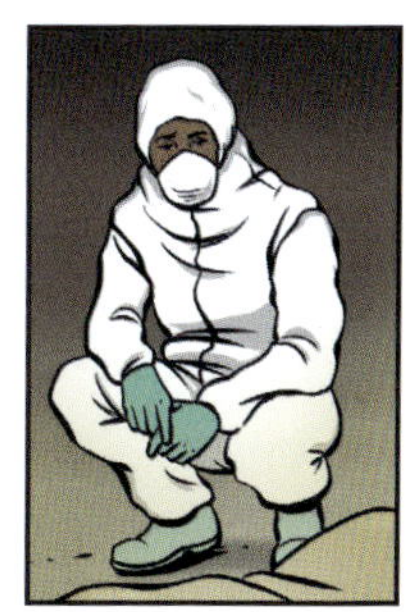

INFO

Joost van den Vondel (1587-1679) ist der berühmteste niederländische Dichter und Dramatiker. Seine Eltern stammten aus Antwerpen. Er wurde in Köln geboren und war ursprünglich Strumpfmacher. Eines seiner berühmtesten Theaterstücke heißt *Lucifer*. Das Vondel-Denkmal im Park wurde 1867 enthüllt.

Puzzle. Übersetzen Sie folgende Worte und bilden Sie das Lösungswort aus den markierten Buchstaben! Tipp: es gibt eines von Joost van den Vondel.

1. bitte _ _ ☐☐ _ _ _ _ _ _ _
2. jemand _ _ _ ☐☐☐
3. Bekannte ☐ _ _ _ _ _ _
4. Besitzer ☐ _ _ ☐ _ _ _ _
5. Rätsel _ _ _ _ _ _ ☐
6. Totschlag ☐ _ _ _ _ _ _ _

Lösung: ☐☐☐☐☐☐☐☐☐☐

Dodelijk blauw

opschieten	sich beeilen
boterham	*hier:* belegtes Brot
inpakken	einpacken
opnemen (telefoon)	abnehmen

dode	Tote
deftig	vornehm
overlijden	sterben
doodsoorzaak	Todesursache
wurgen	(er)würgen
gif	Gift
stroopwafel	niederl. Sirupwaffel
haring	Hering

volgens mij	meiner Meinung nach
verrekijker	Fernglas
overkant	andere Straßenseite
Meneer!	*hier:* Hallo Sie!

opzoeken	besuchen, aufsuchen
opeens	plötzlich
slecht geweten	schlechtes Gewissen
toevallig	zufällig
net	gerade
rechercheur	Kriminalkommissar
vooruit dan maar	*hier:* In Ordnung!
kwartier	Viertelstunde

verdachte	Verdächtiger
bellen	anrufen

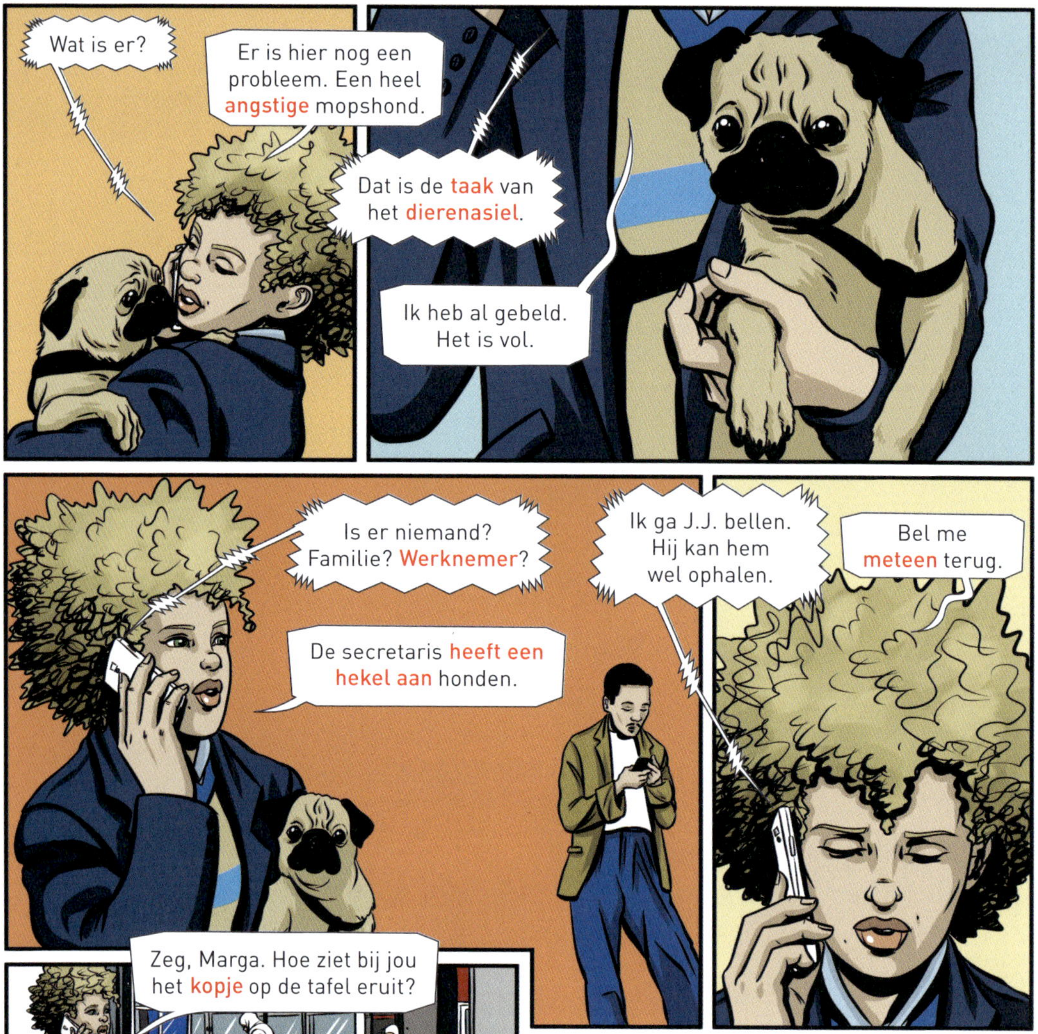

Is er niemand? Familie? Werknemer?

De secretaris heeft een hekel aan honden.

Ik ga J.J. bellen. Hij kan hem wel ophalen.

Bel me meteen terug.

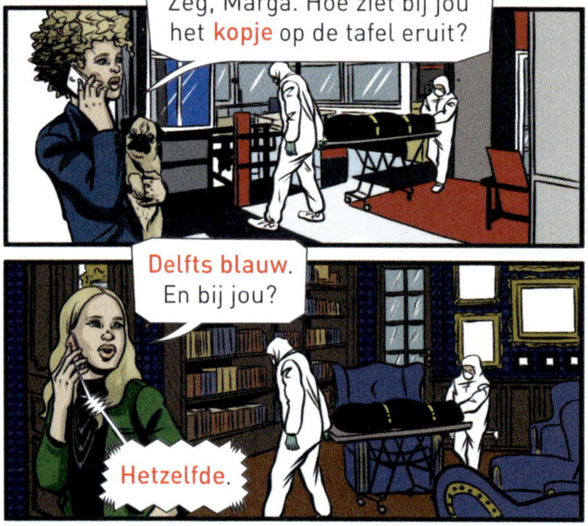

Zeg, Marga. Hoe ziet bij jou het kopje op de tafel eruit?

Delfts blauw. En bij jou?

Hetzelfde.

angstig	ängstlich
taak	Aufgabe
dierenasiel	Tierheim
werknemer	Arbeitnehmer
een hekel hebben aan iets	etw. nicht ausstehen können
meteen	sofort, gleich
kopje	Tasse
Delfts blauw	siehe Infokasten S. 47
hetzelfde	*hier:* ebenso

Ik sta hier in een kamer vol met **schilderijen** van Vermeer.

Wie is Vermeer?

Een **schilder** uit de **zeventiende eeuw**. Hij is in Delft geboren.

baas	Chef, Vorgesetzter
gek zijn op	verrückt sein nach
schilderij	Gemälde
schilder	Kunstmaler
zeventiende eeuw	siebzehntes Jahrhundert

patroon	Muster
hoofdbureau	*hier:* Hauptwache
vermoedelijk	vermutlich
FO (forensische opsporing)	KTU (Kriminaltechnische Untersuchung)
forensisch patholoog	Gerichtsmediziner
voedsel	Lebensmittel, Nahrung
zuurstofgebrek	Sauerstoffmangel
verf	Farbe (zum Malen/Streichen)

eergisteren	vorgestern
versturen	verschicken
neef	*hier:* Neffe
bestelling	Bestellung
leveren	ausliefern

pakjes bezorgen	Päckchen zustellen
vergelijken	vergleichen
oplossen	*hier:* (Fall) lösen
inbraak	Einbruch
verdacht worden	verdächtigt werden
vermoorden	ermorden
toeval	Zufall
kennelijk	offensichtlich, anscheinend

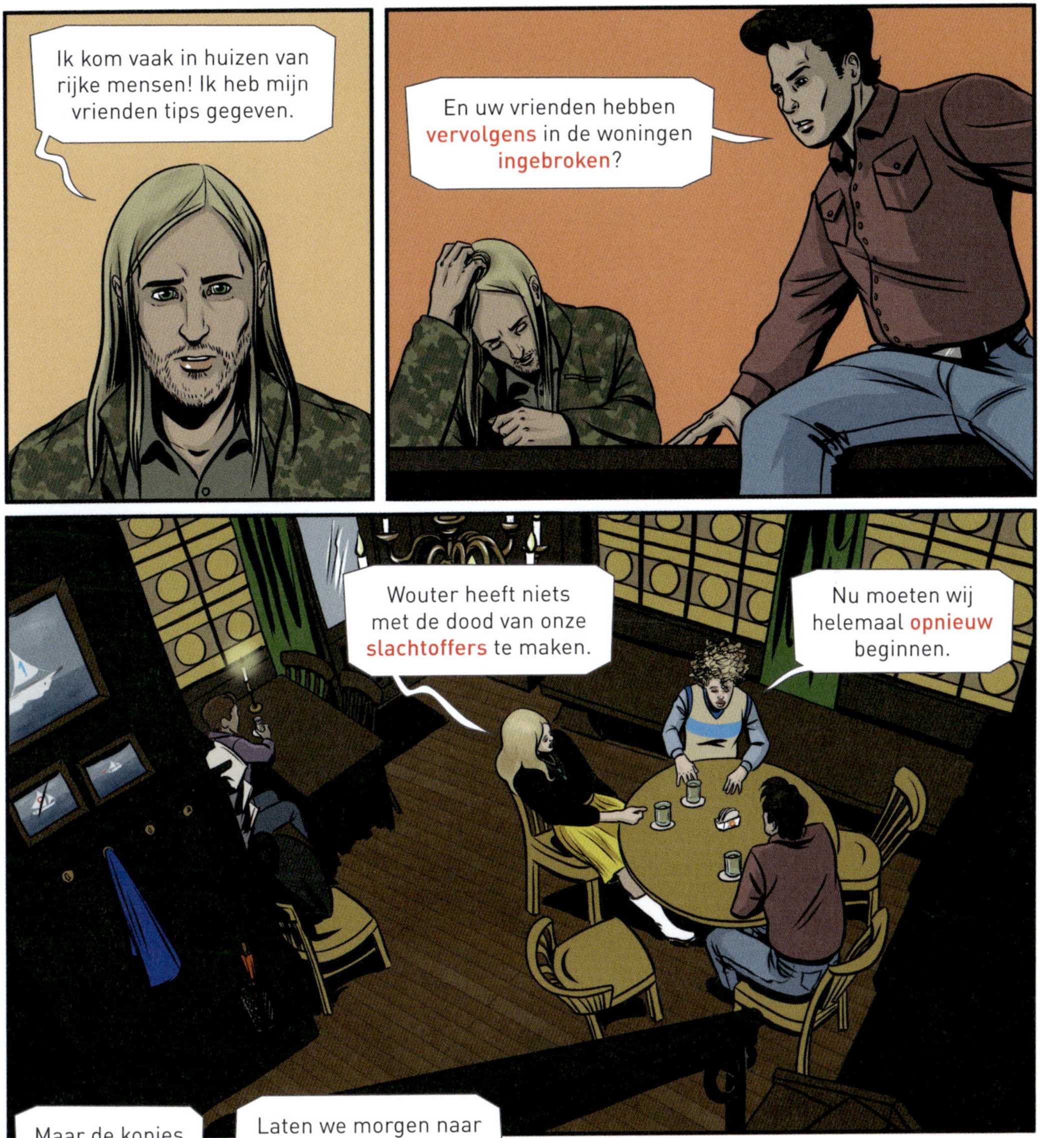

Wouter heeft niets met de dood van onze slachtoffers te maken.

Nu moeten wij helemaal opnieuw beginnen.

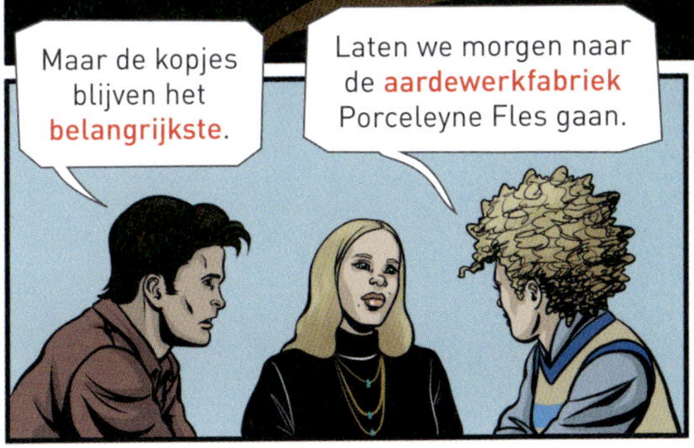

Maar de kopjes blijven het belangrijkste.

Laten we morgen naar de aardewerkfabriek Porceleyne Fles gaan.

vervolgens	daraufhin, folglich
inbreken	einbrechen
slachtoffer	Opfer
opnieuw	erneut
belangrijk	wichtig
aardewerkfabriek	Keramikfabrik

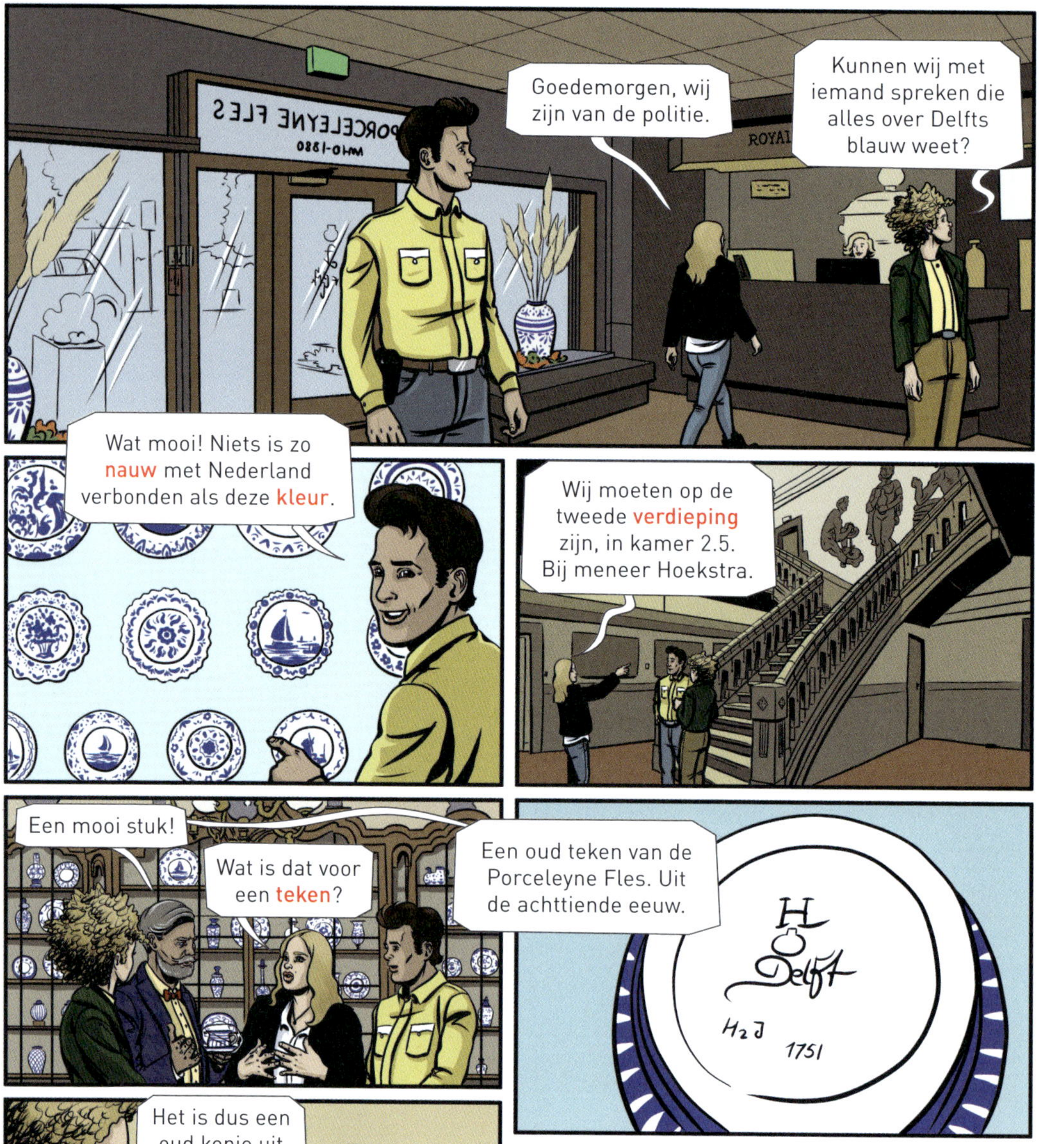

PORCELEYNE FLES
ANNO-1880

Goedemorgen, wij zijn van de politie.

ROYAL

Kunnen wij met iemand spreken die alles over Delfts blauw weet?

Wat mooi! Niets is zo **nauw** met Nederland verbonden als deze **kleur**.

Wij moeten op de tweede **verdieping** zijn, in kamer 2.5. Bij meneer Hoekstra.

nauw	*hier:* eng
kleur	Farbe
verdieping	Stock(werk)
teken	Zeichen, Marke
uitstekend	hervorragend
vervalsing	Fälschung

Hoezo?	Wieso?
uitleggen	erklären
er klopt iets niet	es stimmt etw. nicht
helaas	leider
werken	arbeiten
gebouw	Gebäude

prachtig	wunderschön
dodelijk	tödlich
bovendien	außerdem
verzamelaar	Sammler
ongevaarlijk	ungefährlich
in combinatie met	im Zusammenhang mit
(blauw)zuur	(Blau)säure
huidskleur	Hautfarbe

veilinghuis	Auktionshaus
koper	Käufer
te weten komen	herausfinden
toestemming	Erlaubnis
verstrekken	verschaffen, geben
privacywetgeving	Datenschutzgesetz

ouderwets	altmodisch
achterom	hintenherum
aanbellen	(an der Tür) klingeln
Dat was op het nippertje.	Das war knapp.

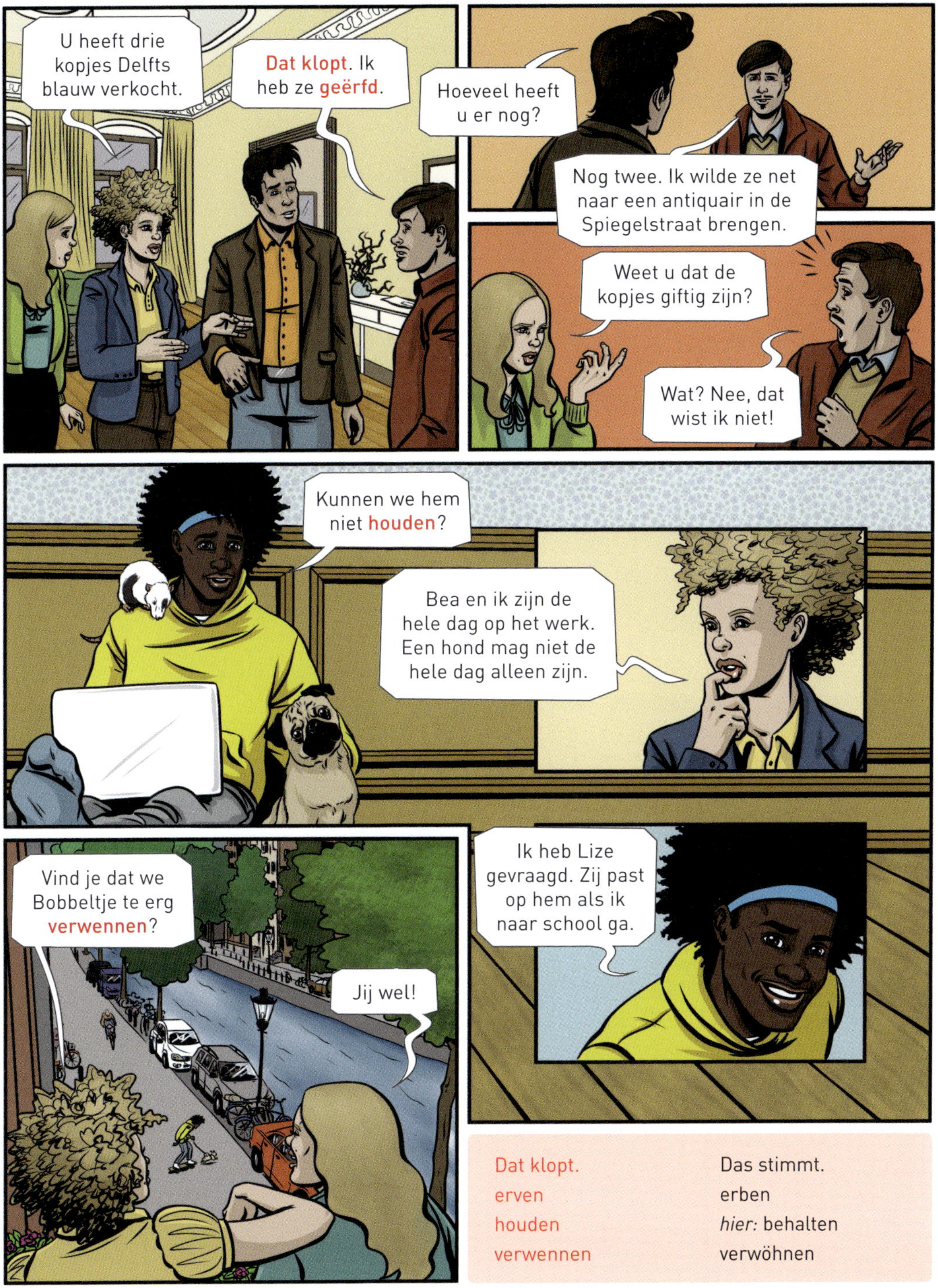

U heeft drie kopjes Delfts blauw verkocht.

Dat klopt. Ik heb ze **geërfd**.

Hoeveel heeft u er nog?

Nog twee. Ik wilde ze net naar een antiquair in de Spiegelstraat brengen.

Weet u dat de kopjes giftig zijn?

Wat? Nee, dat wist ik niet!

Kunnen we hem niet **houden**?

Bea en ik zijn de hele dag op het werk. Een hond mag niet de hele dag alleen zijn.

Dat klopt.	Das stimmt.
erven	erben
houden	*hier:* behalten
verwennen	verwöhnen

Oefeningen

Ontbijt. Bea und Marga sitzen am Frühstückstisch und J.J. kommt herein. Vervollständigen Sie ihr Gespräch mit den angegebenen Wörtern!

weet | koffie | slecht | goed | wakker

Goedemorgen, J.J. Heb je 1. ________ geslapen?

Nee, ik ben een paar keer 2. ________ geweest.

Heb je 3. ________ gedroomd?

4. ________ ik niet meer. Ben ik vergeten.

Wil je liever thee of 5. ________?

Hoort bij elkaar. Bilden Sie zusammengesetzte Ausdrücke!

1. ☐ pakjes
2. ☐ telefoon
3. ☐ slecht
4. ☐ Delfts
5. ☐ forensisch

a) geweten
b) bezorgen
c) opnemen
d) arts
e) blauw

INFO

Obwohl nur 37 Gemälde von ihm erhalten sind, gehört **Jan Vermeer** (1632–1675) zu den berühmtesten Malern der Welt. Seine Bilder zeigen Stadtansichten, Menschen und das Innere von Häusern in den Niederlanden des 17. Jahrhunderts. Eines seiner bekanntesten Bilder ist „Das Mädchen mit dem Perlenohrring". 2003 verfilmte Peter Webber das gleichnamige Buch von Tracy Chevalier. Die Hauptrolle spielte Scarlett Johansson.

Infinitieven. Finden Sie die Infinitive zu den Vergangenheitsformen!

1. gezien ____________________
2. geërfd ____________________
3. gewurgd ____________________
4. overleden ____________________
5. verkocht ____________________

Voorzetsels. Setzen Sie die korrekten Präpositionen in die Lücken ein!

op | in | achter | onder | voor

1. De mopshond rent ____________ de rat.
2. J.J. rent ____________ de rat aan.
3. De rat zit ____________ J.J.'s schouder.
4. De mopshond zit ____________ de stoel.
5. De rat piept ____________ de hoodie van J.J.

Puzzel. Übersetzen Sie folgende Wörter und finden Sie das Lösungswort!

1. müssen □□_ _ _ _
2. Porzellan □_ _ _ _ _ _ _ _
3. sich beeilen _ _□_ _ _ _ _ _ _
4. Hauptwache □_ _ _ _ _ _ _ _ _ _
5. ohne _□□□_ _

Oplossing: _ _ _ _ _ _ _ _

Thee met citroen. Beschriften Sie die folgende Szene! Die vorgegebenen Begriffe helfen Ihnen.

kaas | tafel | kopje | haring | stroopwafel | citroen | theekan | tafelkleed

Goed of fout? Kreuzen Sie die richtige Aussage an!

1. Bij een veiling worden dingen gratis weggegeven. ❐
2. Een antiquair verkoopt oude dingen, zoals kunst en meubels. ❐
3. Vermeer is een schilder uit de twintigste eeuw. ❐
4. Delfts blauw aardewerk is typisch voor Nederland. ❐
5. Citroen smaakt zoet. ❐

INFO

Achtung, nicht verwechseln: Das niederländische *wie* heißt auf deutsch *wer*. *Wie* dagegen übersetzt man mit *hoe*.

Welk woord past er niet bij? Welches Wort passt nicht in die Reihe? Unterstreichen Sie!

1. bord | mes | kopje | schotel | glas
2. trein | bus | fiets | metro | tram
3. aardig | vriendelijk | lief | boos
4. vals | nagemaakt | echt | kopie

Wie doet wat? Ordnen Sie untenstehenden Aussagen der richtigen Person zu!

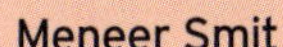

Meneer Smit | de secretaris | Meneer Hoekstra | Wouter

1. Haat honden ______________
2. Rent weg als hij de politieagenten ziet ______________
3. Draagt een geruit blauw jasje en een snor ______________
4. Heeft de giftige kopjes geërfd ______________

INFO

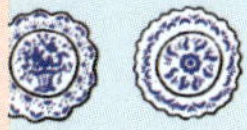

Die Fabrik ***De Porceleyne Fles*** in Delft wurde 1653 gegründet und ist neben der 1594 gegründeten *Koninklijke Tichelaar Makkum* die einzige Fabrik, die bis heute die Keramik mit dem typischen blauen Dekor herstellt. Das **Delfter Blau** entstand Ende des 16. Jahrhunderts und sollte das unerschwingliche chinesische Porzellan ersetzen. Einst beliebte und teure Sammelobjekte sind die Keramiken des Delfter Blau in den Niederlanden vielerorts zu billiger Souvenirware herabgesunken.

Puzzel. Finden Sie die Gegensätze und lösen Sie das Kreuzworträtsel!

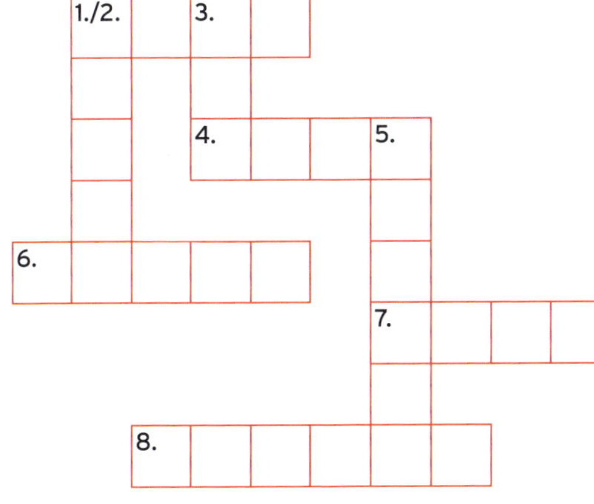

verticaal

1. dik
3. nieuw
5. licht

horizontaal

2. lelijk
4. levend
6. liever niet
7. warm
8. ouderwets

De schat van Schiermonnikoog

Een klein waddeneiland zonder auto's is voor een jongen niet erg spannend.

Wij zijn er vroeger ook elk jaar geweest. En we vonden het prachtig. Ik ben blij dat hij zijn rat thuis heeft gelaten.

vakantie	Urlaub
zich vervelen	sich langweilen
waddeneiland	Friesische Insel
prachtig	*hier:* wunderschön
thuis	zu Hause

Kijk aan	Schau an!
stamklant	Stammkunde
verjaardagskaart	Geburtstagskarte
metaaldetectorist	Sondengänger
schatzoeker	Schatzsucher
Tweede Wereldoorlog	Zweiter Weltkrieg
even	kurz
opfrissen	sich frischmachen
treuzelen	trödeln
opschieten	sich beeilen

zee	Meer
zich verheugen op	sich freuen auf
friet	Pommes frites
capuchon	Kapuze
helemaal	total, ganz

straks	nachher
Wat is er aan de hand?	Was ist los?
trouwen	heiraten
verdwenen	verschwunden

bang worden	Angst kriegen
↯ Tuurlijk (kurz für natuurlijk)	natürlich, selbstverständlich
houden van	lieben
vasteland	Festland
computerspelbeurs	Computerspiel-messe
verslaafd	abhängig, süchtig
mogen	dürfen

lijken	scheinen
lezing	Vortrag
onthullen	enthüllen, aufdecken
eilandmeisje	Inselmädchen
toeval	Zufall
↯ een kijkje nemen	kurz schauen, hineinschauen
ontvoeren	entführen

trekvogel	Zugvogel
geval	Fall
verloofde	Verlobter
nietsnut	Nichtsnutz
tenminste	zumindest
misschien	vielleicht
veerboot	Fähre

Kun je je dat voorstellen, J.J.? Een heel eiland voor jou alleen?

Dag Jaap!

vogelringstation	Vogelstation
deze kant op	in diese Richtung
privébezit	Privatbesitz
precies	genau

Volgens mij is die niets waard. Misschien is dat iets voor de jongen?

Hij speelt zeker weer ergens. Hij is sinds gisteren niet op het werk. Misschien kan ik hen beter ontslaan.

Wij zoeken hem.

geringd	beringt
ontzettend	furchtbar, enorm
blauwe kiekendief	Kornweihe (*Circus cyaneus*)
zeldzaam	selten
roofvogel	Raubvogel
moeilijk	schwierig
munt	Münze
ontslaan	entlassen
natuurbeschermer	Naturschützer

Wat een **troep**!

Tja jongen, dat is **ooit** ook nieuw en modern geweest.

volwassene	Erwachsene(r)
humeurig	schlechtgelaunt, launisch
puber	pubertierender Teenager
leger	Armee
troep	Zeug, Gerümpel
ooit	*hier:* irgendwann (einmal)

vertalen	übersetzen
oorlog	Krieg
vluchten	fliehen
eenheid	Einheit (Militär)
zilveren	silbern
koperen	kupfern
begraven	vergraben

waard	wert
bijna	fast, beinahe
morgenmiddag	morgen Nachmittag

aanwijzing	Hinweis
zwijgen	schweigen
geen toegang	kein Zutritt

Hoe laat is het?	Wie spät ist es?
missen	*hier:* verpassen
aan iets beginnen	mit einer Sache anfangen
nodig hebben	brauchen

Ik wilde vermijden dat hij op het congres ging vertellen dat hier een schat begraven ligt.

opeens	plötzlich
geweldig	großartig, toll
heelal	Weltall
terwijl	während
inchecken	einchecken
bos	Wald

begrijpen	verstehen
geheimzinnig	geheimnisvoll
opgegraven	ausgegraben
metaalafval	Metallabfall
op die manier	auf diese Weise, so
milieu	Umwelt
schatrijk	steinreich
vernielen	zerstören

Oefeningen

Wie is wie? Setzen Sie die Figurennamen in den richtigen Satz ein!

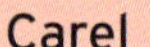

Marga

De blauwe kiekendief

J.J.

Bart Verleest

1. ______________________ is een zeldzame roofvogel.
2. ______________________ is de tweelingzus van Bea.
3. ______________________ wordt door de tweeling Bobbeltje genoemd.
4. ______________________ een bekende wetenschapper met rood haar.
5. ______________________ gaat met Trijntje trouwen.

INFO

Schiermonnikoog heißt auf Deutsch „Insel der grauen Mönche". Hier wohnen etwas mehr als 900 Menschen und die Insel wurde bei einer Radioumfrage 2006 zum schönsten Ort der Niederlande gekürt. Zum Erholungswert der Insel trägt bei, dass Autofahren generell verboten ist. Nur die Inselbewohner sind von diesem Verbot ausgenommen.

Goed of fout? Welcher Satz ist korrekt? Kreuzen Sie an und korrigieren Sie die falschen Aussagen!

1. Marga en Bea voelen zich in het hotel niet thuis. ☐
2. J.J. kan niet fietsen. ☐
3. Schiermonnikoog is lang in Duits privébezit geweest. ☐
4. Carel en Trijntje gaan binnenkort scheiden. ☐
5. Bart Verleest wordt nooit gevonden. ☐

Kies synoniemen. Finden Sie die richtigen Synonyme!

1. ☐ heelal
2. ☐ stoppen
3. ☐ straks
4. ☐ lezing

a) later
b) voordracht
c) universum
d) ophouden

Vraagwoorden. Setzen Sie das richtige Fragewort ein!

Wanneer | Waarom | Wie | Wat | Waar

1. ____________ zijn de verdwenen personen?
2. ____________ bevindt Carel zich?
3. ____________ trouwen ze?
4. ____________ deed hij daar?
5. ____________ ga je niet naar de politie?

Welk woord past er niet bij? Welches Wort passt nicht in die Reihe? Unterstreichen Sie!

1. bus | fiets | auto | vliegtuig | trein
2. voetbal | tennis | biljart | computerspel | korfbal
3. tante | grootvader | neef | collega | dochter
4. hotel | pension | eigen woning | huurappartement | jeugdherberg
5. kat | hond | paard | tijger | rat

Werkwoorden. Setzen Sie die Verbformen in der dritten Person Singular Präsens ein!

1. eten ______________________
2. zich vervelen ______________________
3. begraven ______________________
4. fietsen ______________________
5. vinden ______________________

INFO

Bereits 1726 war das Gebäude eine Herberge. Das heutige **Hotel van der Werff** entstand 1914, und bis heute hat es weitgehend die Atmosphäre aus jener Zeit erhalten. Viele Niederländer bekommen bei der Erwähnung des Hotelnamens leuchtende Augen, gefolgt vom wissenden Nicken des Eingeweihten: Zweifellos ist immer eine schöne Erinnerung – von herrlichen Strandurlauben bis zur Hochzeitsreise – damit verbunden.

7

Definities. Welche Definition passt zu welchem Verb? Ordnen Sie zu!

1. ☐ zichtbaar maken	a) ontslaan
2. ☐ weggaan	b) fietsen
3. ☐ iem. zijn baan wegnemen	c) onthullen
4. ☐ op twee wielen rijden	d) verlaten

Woorden. Was bedeuten die unten stehenden Wörter? Kreuzen Sie an!

1. Een waddeneiland is...

- **a)** ❒ een eiland in de Middellandse Zee.
- **b)** ❒ een eiland in de Noordzee.

2. Een schatzoeker is...

- **a)** ❒ iemand die verborgen goud of juwelen zoekt.
- **b)** ❒ iemand die zijn vriend of vriendin verloren heeft.

3. Volledig pension betekent...

- **a)** ❒ een volgeboekt hotel.
- **b)** ❒ een overnachting met drie maaltijden.

4. Een trekvogel is...

- **a)** ❒ een vogel die in de winter naar het zuiden vliegt.
- **b)** ❒ een vogel waaraan je kunt trekken.

9

Voorzetsels. Setzen Sie die korrekten Präpositionen in die Lücken ein!

op naar in tot

1. Van 3 ________ 5 augustus

2. Trijntje zei dat hij ________ het natuurpark werkt.

3. Er woont niemand ________ het eiland.

4. Wij moeten ________ het bos.

Eindtoets

Ontbrekende woorden. Setzen Sie die richtigen Begriffe ein!

fietsen — eigendom — geopend — privébezit — ochtend — stadspark

Het Vondelpark is een **1.** ______________________ in Amsterdam. Het werd in 1865 **2.** ________________. Toen was het park nog in **3.** ______________________. Vanaf 1893 mocht men in het park **4.** ______________, maar alleen in de **5.** ____________________. Sinds 1953 is het park **6.** __________________ van de stad Amsterdam.

2 **Definities.** Schreiben Sie das beschriebene Wort auf!

1. waar vogels worden gevangen, geteld en geringd ____________________

2. waar oude dingen aan de meestbiedende worden verkocht ____________________

3. waar men schuilt voor bommen ____________________

4. waar keramiek wordt gemaakt ____________________

5. waar mensen wonen die zorg nodig hebben ____________________

Verborgen woorden. Finden Sie in der Buchstabenschlange Wörter, die Berufe bezeichnen!

Morgentuinmanvogelroosstraatwijkagentbootmopshondontbijt

antiquairkopjetreinhondtafelschilderijwetenschapperduinen

bunkerrechercheurschatstrandratsecretarisaardbeieenzaam

Homoniemen. Kreuzen Sie die jeweils richtige Definition des Wortes „neef" an!

Mijn neef is:

1. De zoon van mijn broer of zus ❐
2. Het kleinkind van mijn nicht ❐
3. De vader van mijn broer ❐
4. De zoon van mijn oom of tante ❐

J.J.'s verhaal. J.J. ist Bea und Margas Neffe. Warum wächst er bei ihnen auf? Setzen Sie die fehlenden Begriffe in die Geschichte ein!

vroeger | ouders | jaar | tantes | broer

1. J.J. is vijftien ____________ oud.
2. Zijn ____________ kwamen bij een auto-ongeluk om het leven.
3. Hij woont sinds twee jaar bij zijn ____________ Bea en Marga.
4. Zijn vader is een ____________ van de tweelingzussen Bea en Marga.
5. De familie Vroegindewei woonde ____________ in Suriname.

Woordspiraal. Füllen Sie die Wortspirale und finden Sie das Lösungswort! Der letzte Buchstabe eines Wortes ist zugleich der erste des folgenden Begriffs.

1-7: Hoe heet de schilder uit de zeventiende eeuw? Johannes ...

7-9: Wat voor dier is Pepeloentje?

9-12: Na het getal één komt het getal ...

12-18: De dode oude vrouw in het grachtenpand van Amsterdam was rijk maar ...

18-25: Wat voor dier is Zazoe?

25-28: Het tegendeel van levend is ...

28-30: Het tegendeel van nacht is ...

30-35: Als mensen met elkaar praten, voeren zij een ...

1	2	3	4	5	6
20	21	22	23	24	7
19	32	33	34	25	8
18	31	36	35	25	9
17	30	29	28	27	10
16	15	14	13	12	11

Lösung: ☐☐☐☐☐

Goed of fout? Kreuzen Sie die richtige Aussage an!

1. Op Schiermonnikoog werd het slachtoffer eerst ontvoerd en daarna vermoord. ❐
2. Wouter vergiftigde de oude vrouw en de man in het blauwe pak vanwege hun geld. ❐
3. De vrouw op de fiets sloeg Lucifer uit verdriet voor haar dode vader. ❐
4. De moordenaar van het Vondelpark was de tuinman. ❐

INFO

Achtung, im Niederländischen heißt *neef* sowohl **Neffe** als auch **Cousin**. Oft verwendet man allerdings für den Neffen die Verniedlichungsform *neefje*. Dasselbe gilt für Nichten/ Cousinen: sie nennt man *nicht* oder *nichtje*.

Juiste volgorde. Bringen Sie die Wörter in die richtige Reihenfolge und setzen Sie zwei Sätze in die Sprechblase ein!

naar | ik | laat | lezing | het | hoe | mijn | is | moet

Oplossingen

De dode engel

1 1. skaten 2. koffie drinken 3. fietsen 4. aan gymnastiek doen 5. wandelen

2 1. Lucifer 2. honden 3. neef en tantes 4. rood

3 1. fout (Het Vondelpark ligt in Amsterdam.) 2. fout (Het huisdier van J.J. is een rat.) 3. goed 4. fout (De vrouw is moeilijk te begrijpen.) 5. fout (Het park is altijd vol.)

4 1. De moordenaar 2. Jean 3. Leerdam 4. De Godin 5. Meneer van der Meulen

5 1. helikopter 2. patat 3. haasten 4. wolkenkrabber

6 1. c 2. d 3. a 4. b

7

8 1. plaats delict 2. slachtoffer 3. wijkagent 4. wetsdokter

9 1. alstublieft 2. iemand 3. braaksel 4. ijsverkoper 5. raadsel 6. doodslag
Lösung: standbeeld

Dodelijk blauw

1

2 1. b 2. c 3. a 4. e 5. d

3 1. zien 2. erven 3. wurgen 4. overlijden 5. verkopen

4 1. voor 2. achter 3. op 4. onder 5. in

5 1. moeten 2. porselein 3. opschieten 4. hoofdbureau 5. zonder
Lösung: mopshond

6

7 1. fout (Bij een veiling worden dingen aan de hoogste bieder gegeven.) 2. goed 3. fout (Vermeer is een schilder uit de zeventiende eeuw.) 4. goed 5. fout (Citroen smaakt zuur.)

8 1. mes 2. fiets 3. boos 4. echt

9 1. De secretaris 2. Wouter 3. Meneer Hoekstra 4. Meneer Smit

10

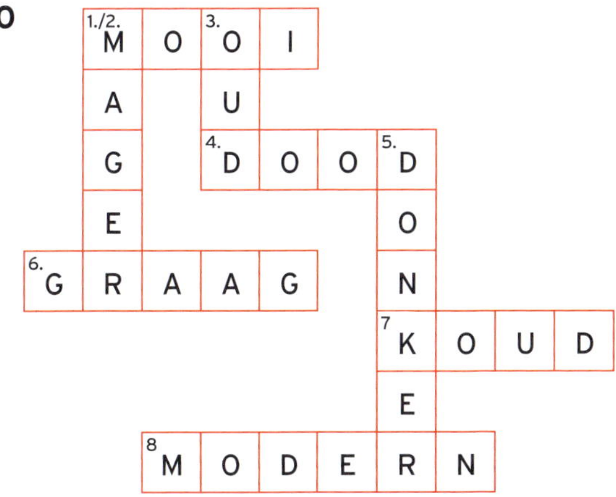

De schat van Schiermonnikoog

1 1. De blauwe kiekendief 2. Marga 3. J.J. 4. Bart Verleest 5. Carel

2 1. fout (Marga en Bea voelen zich in het hotel thuis.) 2. fout (J.J. kan fietsen.) 3. goed 4. fout (Ze gaan binnenkort trouwen.) 5. fout (Bart Verleest wordt gevonden.)

3 1. c 2. d 3. a 4. b

4 1. Wie 2. Waar 3. Wanneer 4. Wat 5. Waarom

5 1. vliegtuig 2. computerspel 3. collega 4. eigen woning 5. tijger
6 1. eet 2. verveelt zich 3. begraaft 4. fietst 5. vindt
7 1. c 2. d 3. a 4. b
8 1. b 2. a 3. b 4. a
9 1. tot 2. in 3. op 4. naar

Eindtoets

1 1. stadspark 2. geopend 3. privébezit 4. fietsen 5. ochtend 6. eigendom
2 1. vogelringstation 2. veilinghuis 3. bunker 4. aardewerkfabriek 5. tehuis
3 Morgen**tuinman**vogelroosstraat**wijkagent**bootmopshondontbijt **antiquair**kopjetreinhondtafelschilderij**wetenschapper**duinen bunker**rechercheur**schatstrandrat**secretaris**aardbeieenzaam
4 Lösung: 1, 4
5 1. jaar 2. ouders 3. tantes 4. broer 5. vroeger
6

1 V	2 E	3 R	4 M	5 E	6 E
20 P	21 S	22 H	23 O	24 N	7 R
19 O	32 S	33 P	34 R	25 D	8 A
18 M	31 E	36 K	35 E	25 O	9 T
17 A	30 G	29 A	28 D	27 O	10 W
16 A	15 Z	14 N	13 E	12 E	11 E

Lösung: M O O R D

7 1. fout 2. fout 3. goed 4. fout

8

Woordenlijst

irr = unregelmäßiges Verb
pl = Plural
ϟ = umgangssprachlich

Hinter dem Substantiv steht der bestimmte Artikel *het* oder *de*.

aan iets beginnen mit einer Sache anfangen
aanbellen (an der Tür) klingeln
aanbod het Angebot
aanvallen *hier:* angreifen
aanwijzing de Hinweis
aardbei de Erdbeere
aardewerkfabriek de Keramikfabrik
aardig nett
achter hinten
achterom hintenherum
afvalbak de Mülleimer
angstig ängstlich
antiekhandel de Antiquitätenhandel
baan de Arbeit
baas de Chef, Vorgesetzter
bang worden Angst kriegen
bedoelen meinen
begraven vergraben
begrijpen verstehen
bekende de Bekannte(r)
belangrijk wichtig
bellen anrufen
bestelling de Bestellung
bijna beinahe, fast
blauwe kiekendief de Kornweihe *(Circus cyaneus)*
bol de Kugel
bos het Wald
bosjes *pl* Gebüsch
boterham de *hier:* belegtes Brot
bovendien außerdem
braaksel het Erbrochenes
buurt de Nähe, Gegend
capuchon de Kapuze
computerspelbeurs de Computerspiel-messe
Dat klopt. Das stimmt.
Dat was op het nippertje. Das war knapp.
deftig vornehm
deze kant op in diese Richtung
dichtbij in der Nähe
dierenasiel het Tierheim
dode de Tote(r)
dodelijk tödlich
doodgaan *irr* sterben
doodslag de Totschlag
doodsoorzaak de Todesursache
druk belebt, viel los
een hekel hebben aan iets *irr* etw. nicht ausstehen können
eenheid de Einheit (Militär)
eergisteren vorgestern

eigenaar de	Besitzer
eigenzinnigheid de	Dickköpfigkeit, Sturheit
eilandmeisje het	Inselmädchen
er is iets mis mee	etw. stimmt damit nicht
er klopt iets niet	es stimmt etw. nicht
erg	schlimm
erven	erben
even	kurz
fiets de	Fahrrad
fietsverkeer het	Fahrradverkehr
fijn	*hier:* toll, schön
FO (forensische opsporing) de	KTU (Kriminaltechnische Untersuchung)
forensisch patholoog de	Gerichtsmediziner(in)
friet de	Pommes frites
gebouw het	Gebäude
Geen toegang	Kein Zutritt
geheimzinnig	geheimnisvoll
ϟ **gek de**	Verrückte(r)
gek zijn op *irr*	verrückt sein nach
geringd	beringt
geval het	Fall
geweldig	großartig, toll
gif het	Gift
godin de	Göttin
haast hebben *irr*	es eilig haben
heelal het	Weltall
helaas	leider
helemaal niet	nicht im Geringsten, kein bisschen
helemaal	total, ganz
hersenschudding de	Gehirnerschütterung

het verleden laten rusten	die Vergangenheit ruhen lassen
hetzelfde	*hier:* ebenso
Hoe laat is het?	Wie spät ist es?
Hoezo?	Wieso?
homo-ontmoetingsplaats (HOP) de	Treffpunkt für Homosexuelle
hoofd het	Kopf
hoofdbureau het	*hier:* Hauptwache
houden van *irr*	*hier:* mögen
huidskleur de	Hautfarbe
hulpverlening de	Fürsorge, Sozialhilfe
humeurig	schlechtgelaunt, launisch
iem. opnemen	jdn. einweisen
iem. op het spoor komen *irr*	jdm. auf die Spur kommen
ijsje het	Eis
in combinatie met	im Zusammenhang mit
in orde	in Ordnung
inbraak de	Einbruch
inbreken	einbrechen
inchecken	einchecken
inpakken	einpacken
kennelijk	offensichtlich, anscheinend
Kijk aan!	Schau an!
een kijkje nemen	kurz schauen, hineinschauen
klant de	Kunde/Kundin
klap de	Schlag
kleur de	Farbe
Kop op!	Kopf hoch!
koper de	Käufer

koperen	kupfern
kopje het	Tasse
kruispunt het	Kreuzung
kwartier het	Viertelstunde
kwijt willen	loswerden wollen
kwijtraken	verlieren
lastig	lästig, anstrengend
leger het	Armee
leveren	ausliefern
lezing de	Vortrag
lief	lieb, freundlich
liefde de	Liebe
lijken	scheinen
Meneer!	*hier:* Hallo Sie!
merkwaardig	merkwürdig
metaalafval het	Metallabfall
metaaldetectoristen *pl*	Sondengänger
meteen	sofort, gleich
milieu het	Umwelt
misschien	vielleicht
missen	*hier:* verpassen
moeilijk	schwierig
mogen *irr*	dürfen
moordenaar de	Mörder
morgenmiddag	morgen Nachmittag
munt de	Münze
natuurbeschermer de	Naturschützer
nauw	*hier:* eng
neef de	*hier:* Neffe
net	gerade
nietsnut de	Nichtsnutz
nodig hebben irr	brauchen
noemen	nennen
noodzakelijk	zwangsläufig, notwendigerweise, unbedingt
nuttig	nützlich
omhelsen	umarmen
omrijden	einen Umweg machen
ondergoed het	Unterwäsche
ondervragen	befragen
onderzoek leiden	Ermittlung leiten
ongeluk het	Unfall, Unglück
ongevaarlijk	ungefährlich
ϟ **onnozele de**	Einfaltspinsel
ontbijt het	Frühstück
onthullen	enthüllen, aufdecken
ontslaan *irr*	entlassen
ontvoeren	entführen
ontzettend	furchtbar, enorm
ooit	*hier:* irgendwann (einmal)
oorlog de	Krieg
op die manier	auf diese Weise, so
op iem. lijken	jemandem ähnlich sein
opeens	plötzlich
opfrissen	sich frischmachen
opgegraven	ausgegraben
oplossen	*hier:* (Fall) lösen
opnemen (telefoon)	abnehmen
opnieuw	erneut
opschieten	sich beeilen; weiterkommen
opvoeden	erziehen, großziehen
opzoeken *irr*	besuchen, aufsuchen
oud	alt

ouderwets	altmodisch
overgeven	sich übergeben
overkant de	andere Straßenseite
overlijden	sterben
oversteken	überqueren
overstuur	verstört, aus der Fassung
pakjes bezorgen	Päckchen zustellen
Pardon!	Entschuldigung! Tut mir leid!
patat de	Pommes frites
patroon het	Muster
plaats delict de	Tatort
plegen	*hier:* begehen
plek de	Platz
politiebureau het	Polizeiwache
populair	beliebt
prachtig	wunderschön
precies	genau
privacywetgeving de	Datenschutzgesetz
privébezit het	Privatbesitz
puber de	pubertierender Teenager
raadsel het	Rätsel
raar	komisch
rechercheur de	Kriminalkommissar(in)
rechts-radicalen *pl*	Rechtsradikale
roofvogel de	Raubvogel
schatrijk	steinreich
schatzoeker de	Schatzsucher
schelden	(be)schimpfen
schilder de	Kunstmaler
schilderij het	Gemälde
schuur de	Scheune
sjaal de	Schal
Slaap lekker uit!	Schlaf schön aus!
slachtoffer het	Opfer
slecht geweten het	schlechtes Gewissen
slim	klug
spelbreker de	Spielverderber, Spaßbremse
stamklant	Stammkunde
straks	nachher
stroopwafel de	niederl. Sirupwaffel
taak de	Aufgabe
te weten komen *irr*	herausfinden
tehuis het	Heim
teken het	Zeichen, Marke
tenminste	zumindest
terwijl	während
thuis	zu Hause
tiener de	Teenager, Teenie
toekomst de	Zukunft
toeschouwer de	Zuschauer
toestemming de	Erlaubnis
toeval het	Zufall
toevallig	zufällig
toezicht houden op iets	etw. beaufsichtigen
toneelstuk het	Theaterstück
trekvogel de	Zugvogel
treuzelen	trödeln
troep de	Zeug, Gerümpel
trouwen	heiraten
tuinman de	Gärtner
tussen	zwischen
ϟ **Tuurlijk (kurz für natuurlijk)**	natürlich, selbstverständlich

Tweede Wereldoorlog de	Zweiter Weltkrieg
tweelingzus de	Zwillingsschwester
uithoren	ausfragen, aushören
uitleggen	erklären
uitstekend	hervorragend
vakantie de	Ferien, Urlaub
vanmiddag	heute Mittag
vasteland het	Festland
veerboot de	Fähre
veilinghuis het	Auktionshaus
verdacht worden	verdächtigt werden
verdachte de	Verdächtige(r)
verdieping de	Stock(werk)
verdragen	ertragen, aushalten
verdwijnen	verschwinden
verf de	Farbe (zum Malen/ Streichen)
vergelijken	vergleichen
verjaardagskaart de	Geburtstagskarte
verloofde de	Verlobte(r)
vermoedelijk	vermutlich
vermoeiend	mühsam, anstrengend
vermoorden	ermorden
vernielen	zerstören
verrekijker de	Fernglas
verslaafd	abhängig, süchtig
verstrekken	verschaffen, geben
versturen	verschicken
vertalen	übersetzen
vertrouwen	vertrauen
vervalsing de	Fälschung
vervolgens	daraufhin, folglich
verwennen	verwöhnen
verzamelaar de	Sammler
vluchten	fliehen
voedsel het	Lebensmittel, Nahrung
vogelringstation het	Vogelstation
volgens mij	meiner Meinung nach
volwassene de	Erwachsene(r)
voor de afwisseling	zur Abwechslung
Voor zover ik weet...	Soviel ich weiß ...
voormalig	ehemalig
vooruit dan maar	*hier:* In Ordnung!
Vooruit!	Los!
waard	wert
waddeneiland	Friesische Insel
Wat is er aan de hand?	Was ist los?
werk het	Arbeit
werken	arbeiten
werknemer de	Arbeitnehmer
wijkagent de	Streifenpolizist
woedend	wütend
wurgen	(er)würgen
zee de	Meer
zeldzaam	selten
zeventiende eeuw de	siebzehntes Jahrhundert
zich verheugen op	sich freuen auf
zich vervelen	sich langweilen
ziekenwagen de	Krankenwagen
zilver	silbern
(blauw)zuur het	(Blau)säure
zuurstofgebrek het	Sauerstoffmangel
zwijgen	schweigen